神奇的身体

[英] 费利西娅·劳
萨伦娜·泰勒 著
[英] 麦克·菲利普斯 绘
雍寅 译

中国水利水电出版社
www.waterpub.com.cn
·北京·

目录

引言

“你”是由什么组成的呢？答案当然是各种各样的东西了。可到底是些什么“东西”呢？唔，有皮肤、骨骼、肌肉还有血液……当然还不止这些。那它们又是由什么构成的呢？是什么让你的身体长成现在的样子呢？

其实，你全身上下都充满了一种叫作“元素”的化学物质，其中包括气体元素、固体元素和液体元素。

话说回来，这些元素是怎么进入你身体里的呢？

它们平时都藏在什么地方？

它们对你有什么好处？还是说，一点儿用处都没有？

现在，就跟随我们一起去了解那些藏在“你”身体里的小秘密吧。

你知道吗

我们体内充满了“元素”——比如钙元素、碳元素、氧元素以及其他有趣的元素。

锂是一种金属，它非常柔软，甚至用小刀就能切开。它极其易燃，燃烧时会发出明亮的红色火焰。

氢气是一种非常轻的气体。氢位于元素表的第一位，它是最基本也最常见的元素。氢气燃烧后会生成水。

锡是一种柔软易弯折的金属，它常用来镀在其他金属的表面，防止它们生锈。

钼是一种带有光泽的银白色金属，过量的钼具有毒性。人们经常将它掺进其他金属中，制造出强度更高的合金。这样的合金可以用于生产钻头或者锯条。

锶是一种柔软的银白色金属，能够生成非常闪亮的晶体。用它制作的烟花和照明弹能发出红光，它还可以用来制造夜光涂料和塑料。

铬是一种硬度极高的金属，它具有光泽，微带蓝色。几千年前，中国人就懂得用铬来保护兵器锐利的尖头。

磷是一种晶体，主要有白磷、红磷、紫磷和黑磷。白磷容易发生爆炸，还能在黑暗中发光。

镍是一种银色金属，它具有铁磁性，常见于电池、硬币和陨石中。它的名字源自德语“kupfernickel”，意思是“魔鬼的铜”。它能给玻璃着上绿色。

钴是一种具有铁磁性的金属，可用于制造蓝色油漆、墨水、玻璃、陶瓷和化妆品等。

碘是一种黑色晶体，升华后形成的碘蒸气呈紫色。海水里含有大量的碘。

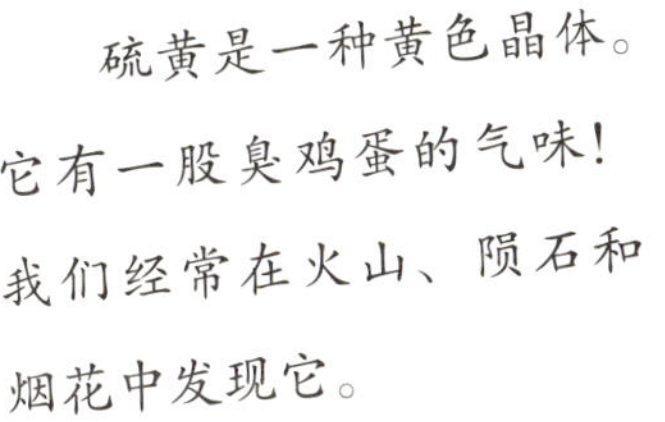
硫黄是一种黄色晶体。它有一股臭鸡蛋的气味！我们经常在火山、陨石和烟花中发现它。

汞是一种金属，不过它是液态的。可能你已经知道，它就是温度计里的水银。温度升高，水银就会膨胀，因此可以用来测量温度。

锌是一种金属，它能让其他金属变得更坚固。它常用于制造硬币、防晒霜、婴儿爽身粉、电池和油漆。

这才刚刚开始！

什么是元素

话说回来，这些元素到底是什么呢？

它们就是构成世间万物的“原材料”——这些元素组合到一起，就有了我们、地球乃至整个宇宙。

漫长的探索

数百年来，科学家一直在努力寻找所有的元素，为它们命名，并研究它们之间的联系。这是一项艰难而又需要技巧的工作。

如今，他们已经找到了118种元素，却依然没有停止探索的脚步。他们发现，元素其实是由更小的物质组成的。因此，他们还在继续寻找答案。

各不相同

没错，元素也有它自己的“原材料”——原子。原子以不同方式组合在一起，就创造出了新的元素。

根据不同的“配方”，它们有时“造”出来的是固体，有时是液体，有时又是气体。

“你”就是由各种元素组成的，而且每种元素的量都恰到好处，让你成为现在的自己。

为了更方便地认识它们，我们将固体、气体和液体元素进行了分类。

金属元素

或许你能列举出许多每天和我们打交道的金属。它们通常是固体，具有光泽，而且还是热和电的良导体——也就是说，它们可以轻松地传递热和电。但是，许多元素明明也是金属，却与你认知中的金属元素大相径庭。当它们与其他元素结合时，便会产生新的物质，例如晶体或者更坚硬的金属。

非金属元素

它们和金属的性质几乎截然相反。它们往往易碎，无法很好地导热或者导电，有时甚至更像液体或者气体。

气体元素

这类元素有点儿类似于空气（其实，空气就是由气体元素组成的）。它们既不是固体也不是液体，通常是无色透明的，但有些气体会带有颜色。它们往往会有一股味道——有可能非常臭！

未知元素

这类元素在自然界里无法被找到，它们是由科学家在实验室里合成的。之所以被称为未知元素，是因为我们对它们的了解十分有限——许多元素甚至连名字都没有。

简单总结一下，元素就是构成一切事物的“原材料”，它们拥有各自的名字、编号和符号，方便我们的查找和识别。

元素从哪里来

元素是从哪里来的呢？这么说吧，它们来自宇宙诞生之初——也就是人们常说的“大爆炸”。其实，那并不是真正的爆炸——它更像是一个在超短时间内吹起来的气球。

随着宇宙不断膨胀，当中所有的物质互相碰撞，宇宙要么灰飞烟灭，要么相互结合。在这样的碰撞与结合下，就形成了我们宇宙中的行星、恒星、星系以及各种元素。

当心——你也会爆炸

“大爆炸”后最先出现的是锂元素、氢元素和氦元素。氢和氦是气体，稍后我们会详细介绍它们。锂是一种非常易燃的金属。换句话说，它很容易着火！燃烧时它会发出明亮的红色火焰。千万不要用水来扑灭它——那样只会让火势更大！我们体内也含有一点点锂元素。

想想看，我们的身体里居然有易燃易爆物！

砰

锂并不是我们体内唯一的易燃易爆元素。其实，我们身体里的许多元素甚至能用来制造烟花。

含有不同元素的彩色焰火照亮了天空。

锶晶体

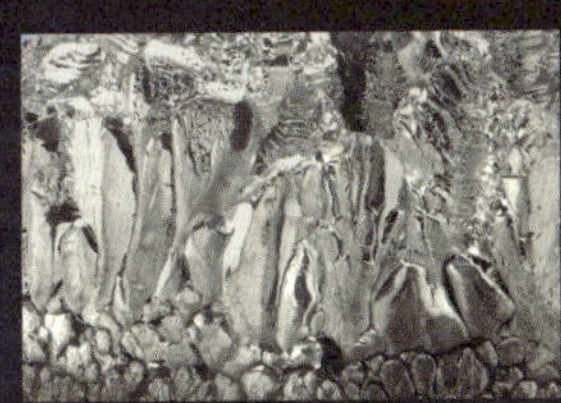

镁矿石

锶（Sr）

锶能让烟花发出浓烈的红光。它常见于深海生物的外壳里，我们的骨骼当中也有。如果你喜欢卷心菜、洋葱和生菜，那么就有可能吃到很多锶！

硼（B）

添加了硼的烟花能发出亮绿色的光。硼也被用于制造应急照明弹。它是一种非常稀有的元素，有助于维持我们骨骼的健康。

镁（Mg）

镁在燃烧时会发出明亮的白光，因此常被用于相机的闪光灯中。镁能维持我们身体健康、体温平稳。此外，它还可以强健骨骼，保证神经和肌肉的正常工作。

铷（Rb）

铷非常适合制作烟花，因为它一遇到空气就会爆炸，还能让烟花发出紫色的光。我们体内只有一点点铷——不到0.5克——但它却遍布全身各处。

“你”来自外太空吗

虽然听起来似乎有些不可思议，但你确实与太空有着许多共同之处。实际上，人体内的诸多元素和火星上的一模一样。想想看——居然能在其他星球上找到一部分“你”！

钇（Y）

人类登陆月球时，采集了月岩和月尘的样本进行分析和研究。人类发现，这些样本中含有大量的钇元素。

不过，你知道吗？

你的骨骼和肝脏中也有钇哦。

钇

钪

因此，你的“一部分”在月球上也能找到！

钪（Sc）

它也与星星有关。事实上，太空中的钪元素比地球上要多。我们的血液中也有钪——因此可以说，我们有一点点来自外星！

宇宙物质

硫（S）

硫黄

任何生物都离不开硫元素。我们的肌肉、皮肤和骨骼中都含有硫，它能将吃进去的食物转化为思考和运动所需要的能量。硫对于生命活动的意义重大。

然而，最令人惊奇的是，硫非常容易爆炸。火山附近经常能发现硫黄。除了地球，木星的一颗卫星上也有喷涌硫黄的火山。除此以外，陨石中也含有硫，而它是在恒星内部产生的。

卫星与宇宙飞船

我们再来认识几个为人类航天事业作出贡献的元素吧！对了，它们同样也藏在你的身体里。

铌（Nb）

- 一种非常坚硬的金属。
- 存在于我们身体各处。
- 将它掺进其他金属中，可以有效防止生锈。
- 含铌的金属材料非常耐高温。
- 可用于制造火箭的喷嘴。你知道自己的“这一部分”是如此的了不起吗？

镓（Ga）

- 可用于制造太阳能电池板，为探索火星的卫星和机器人提供电力。
- 和汞一样，它是一种液态金属。
- 科学家认为它有助于促进新陈代谢（身体将食物转化为能量的过程）。

钛（Ti）

- 它存在于宇宙各处——陨石、月球、星星里都有！
- 它也存在于地球上每个生物体内——当然也包括我们。
- 科学家还不清楚它对于我们身体的作用。
- 它是一种强度很高的金属，往往用于提高其他金属的强度，或者防止它们生锈。

金属元素

宇宙中大多数元素都是金属元素。因此，我们的身体里也有很大一部分金属元素。你肯定没想到，自己居然和罐头有这么多共同点，对吧？

随处可见

人体内最常见的金属元素就是钙。它是银白色固体，遇到空气会变成浅灰色。它存在于岩石（例如石灰岩、大理石）和贝壳当中。我们在厨房的水壶里也有可能找到它——积聚在壶底的白色粉末。过去，我们用它来制作粉笔。刷牙的时候也有可能碰到它，因为一些牙膏里添加了钙元素。

石灰岩和大理石上的白色部分就是钙。

钙（Ca）

钙对于我们的身体尤其是骨骼（200多块呢！）来说的确非常重要。成年以后，我们体内的钙含量会超过1千克。它肩负重任：强化我们的骨骼，控制肌肉和神经。如果身体缺钙，骨头就会变得像果冻一样脆弱！

因此为了确保得到充足的钙，我们不但要喝牛奶，还要吃鸡蛋、奶酪、沙丁鱼，甚至是牛奶巧克力。同时还要搭配一些钙质丰富的绿色蔬菜来平衡我们的饮食，比如西兰花和卷心菜。

有用还是没用

锡（Sn）

或许你听说过锡。它是一种十分常见的金属，可以用来制造罐头盒。我们的骨骼和血液中也含有锡。如果将它和铜混合在一起，就能制成青铜，这种材质常用于制作雕像和奖章。几种金属经过混合所形成的金属材料就叫作合金。

合金能有效提高金属的强度。

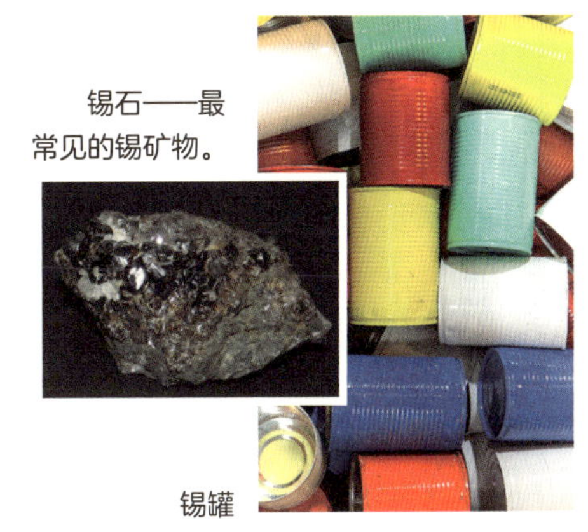
锡石——最常见的锡矿物。

锡罐

铝（Al）

你肯定听说过铝——它的用途非常多。它可以用来制作铝箔或者装饮料的易拉罐。它很结实同时又非常轻，所以适合制造自行车、汽车和飞机。

铝的延展性很好，而且还是热和电的良导体——也就是说，它能轻松地传导热和电。因此，它也被用来制成输电线。事实上，在需要用到坚固且轻便的金属材料时，我们往往优先考虑的就是铝。

有意思的是，锡和铝在我们体内的含量极低。它们通常来自食物，最终会进入我们的血液和骨骼……

然后，又会不知不觉地离开我们的身体！

铁磁性元素以及其他金属元素

有些金属与众不同，因为它们具有铁磁性。也就是说，它们拥有一种特殊的力量，能将其他金属吸引过来（或者用力推开）。

这种力量叫作磁场。你家里可能就有一些铁磁性的物品，比如吸在冰箱上的磁铁，或者能指引方向的指南针。对了，你身上也有铁磁性元素哦！

生活在磁铁上

你知道吗，地球就是一个巨大的磁铁！因为它的中心区域（即地核）充满了两种铁磁性元素——铁和镍。

铁（Fe）

我们体内含有大量的铁——足以打造一枚七厘米长的铁钉！铁让我们的血液呈现红色。在铁的帮助下，氧气才能从肺部被输送至全身各处，因此我们根本离不开铁。

镍（Ni）

我们的肺部、肝脏和肾脏里会含有一点儿镍。

钴（Co）

钴是另一种非常重要的铁磁性元素。我们所有细胞里都含有钴，它有助于大脑的正常运转。钴还可以用来制造隐形墨水——没错，真的能隐形哦！

还有更多元素！

铈（Ce）

铈是一种金属，可以用于制造平板电视和体育场馆里的泛光灯。我们还会将它镀在其他金属表面，来防止生锈。我们的骨骼中也含有铈元素。

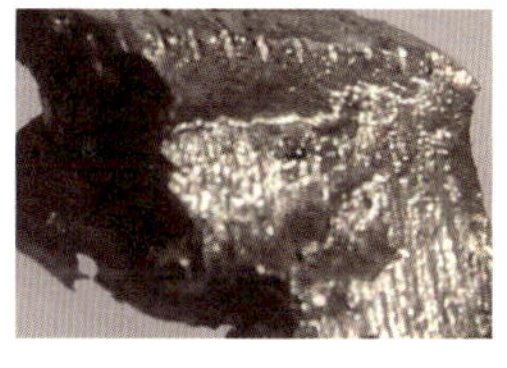

铈

钨（W）

钨，也叫黑钨，是已知最坚硬的金属之一。它常用来制作钻头和飞镖，因为它不但分量重，而且十分坚固。我们体内只含有一点点钨。

钨

铬（Cr）

铬是一种灰色的金属，同时它也是"着色"元素之一。有了铬，红宝石、绿宝石、黄色公交车才拥有了色彩，汽车的外表才会光亮美观。此外，它还能合理利用我们吃进去的食物，增强身体的新陈代谢。

铬

锌（Zn）

锌对于我们来说是不可或缺的元素。我们的眼睛和大脑里含有大量的锌。它能确保我们拥有正常的味觉和嗅觉。而且对于视觉、听觉和触觉，它同样至关重要。我们可以从肉类、鱼、坚果和乳制品中摄取锌元素。

锌

开采金属

金属与我们的生活息息相关：从简单的工具到复杂的飞机，它们无一不是用金属制造出来的。为了实现各种用途，我们会用到不同的金属，因此就需要源源不断的金属供应。那么，我们在哪里可以找到金属，又该如何获得它们呢？

从岩层中提取铁矿。

来自哪里

金属资源广泛地存在于地壳当中。地壳是地球的最外层，主要由岩石组成。

地质学家是专门从事岩石相关研究的科学家，他们最清楚从哪里可以找到含有金属的矿石。他们首先进行特殊的勘测，判断岩石中是否存在金属。一旦有所发现，他们就会开掘矿井——这是一种相当深的洞，人们需要下到矿井中挖掘矿石，提取金属。

开采类型

常见的开采方式有两种：地下开采和露天开采。地下开采具有危险性，因为有的矿井非常深。

相比之下，露天开采挖的洞会浅得多，通常只需要移除矿体上的岩石层。或许你见过采石场或者露天矿，它们在世界各地都很常见，也很容易找到。开采矿石往往要用到大型起重机和强力挖掘机！

铲起石块。

将石块填入破碎机中。

碾碎并分离石块。

没那么容易

从岩石中提取金属可不是一件容易的事。事实上，我们最初得到的是“矿石”——它不是纯净的金属。我们必须先对它进行加工，才能得到可以使用的金属材料。

首先，将矿石碾碎筛分，去除石渣；然后加水混合，加热至极高的温度或者加电进行分离。有时，矿石中含有不止一种金属，这时候就需要用不同的工艺将它们提取出来。

清洗矿石。

冶炼矿石，也就是将矿石加热熔化。

露天开采是从地表向下逐层移走矿石。

大型矿井

南非——白金和黄金

俄罗斯——铁和钾

澳大利亚——铁和镍

加拿大——钾、铁和镍

巴西——铁、镍和金

中国——铁、铜、锌和金

价值连城

有人对你说过“你很珍贵”这样的话吗？有人用“宝贝”“珍宝”称呼过你吗？其实，他们说得没错！我们身上的某些部分可是相当“值钱”的，因为我们体内存在一些非常贵重的元素。

金（Au）

黄金

没错，我们体内有黄金！——你嘴里镶的大金牙可不算数。我们说的是用来制造昂贵珠宝和装饰品的东西——一种极其稀有的元素，几千年来一直被当作财富的象征。很久以前，人们用金币进行交易；如今我们依然可以购买金条，并将它当成宝贵的资产。

几百年前，人们甚至将金粉撒在食物上，以标榜自己的富有！

黄金是我们体内最值钱的元素。它是通过食物和水进入身体里的。不过遗憾的是，无论你吃得再多，它在体内的含量都只有一丁点儿！

它主要存在于血液和骨骼当中，而且不属于我们生命活动所必需的元素，也就是说，它对于身体的运转帮不上什么忙。不过，知道身体里有黄金还是挺开心的——毕竟它让我们变得“值钱”了一点点！

银（Ag）

银

我们体内含有少量的银元素。和黄金一样，它也一直被用于制造贵重的装饰品和货币。事实上，银制硬币出现的时间比金币要早得多。在许多国家的语言中，“钱”和“银”的说法是相同的。

不可思议的是，每天我们都会吃进去一点儿银元素。因为面粉、牛奶、肉类和鱼中都含有银。你吃过用小银珠装饰的蛋糕吗？那里面也有银！

接下来是……

绿宝石

铍（Be）

铍在宇宙中相当罕见。不过，我们的骨骼里有一些。它也是绿宝石的组成成分，而绿宝石比钻石还要稀有！

锆（Zr）

锆在地球上很常见。事实上，我们的食物中就有一点儿，血液中也存在极少量的锆。牙医还会用它来补牙——因为它非常坚硬，而且能做得像真牙一样。

经过切割成形的立方氧化锆。

尽管锆不如金银那么值钱，但它的氧化物晶体十分漂亮。这种晶体叫作立方氧化锆，经过切割成形后，看起来就跟钻石一样。

类金属和非金属

好了，你已经认识了身体里的很多金属元素。不过，我们体内还有一种介于金属和非金属之间的物质——类金属元素。它们有的用处不大，含量也很少，而有的对于我们来说却十分重要！

一点点

我们体内含有两种类金属元素：锗和碲。

锗

锗（Ge）

锗是在恒星内部产生的，我们曾在木星附近发现过它。它被用来制造照相机镜头、显微镜和特殊的夜视设备（让我们在黑暗环境中也能看到的仪器）。它主要存在于我们的血液当中，不过身体的其他部位也含有少量的锗。

碲

碲（Te）

我们的血液中含有碲，但只有一点点——幸好不多，因为过量的碲会让我们的口气变臭！

一大堆

“非金属”这个名字听上去会让人感觉它不太重要。不过，碳绝对是个例外。碳是世界上最重要的非金属元素。因为世间万物——没错，一切的一切——都含有碳。

钻石

碳（C）

事实上，我们身体近五分之一是由碳元素组成的。碳对于人体来说至关重要，因为它就像胶水一样，将我们的各个部分相互连接，“黏”在一起。它跟随食物进入我们的体内，因为任何食物都含有碳，所以我们每天会摄入大量的碳元素。

但是，碳还有很多其他用途，比如制造汽油、煤、打印机的黑色墨水以及塑料制品（它里面含有大量的碳）。

对了，还有钻石！——它实际上是一种密度极高且非常坚硬的碳结晶体。

石墨——碳的一种

我们写字用的铅笔笔芯也是用碳制成的。虽然它叫作“铅笔”，可实际成分却是石墨，而石墨也是碳的一种。

你知道吗？人体内全部的碳可以制成大约9000支铅笔。这下写作业就不用发愁了！

大脑能“发电”

我们的身体就像一台机器，当中有很多部件协同工作。我们体内也有一个控制中心，它能像计算机操纵机器一样，对各个部件进行管理——它就是大脑。

大脑将信息从一个细胞传递到另一个细胞，我们才能正常地感知、说话和做各种事情。

电力

和机器一样，大脑工作也需要动力，于是，它就在我们的体内发电！

没错——是真正的电哦！

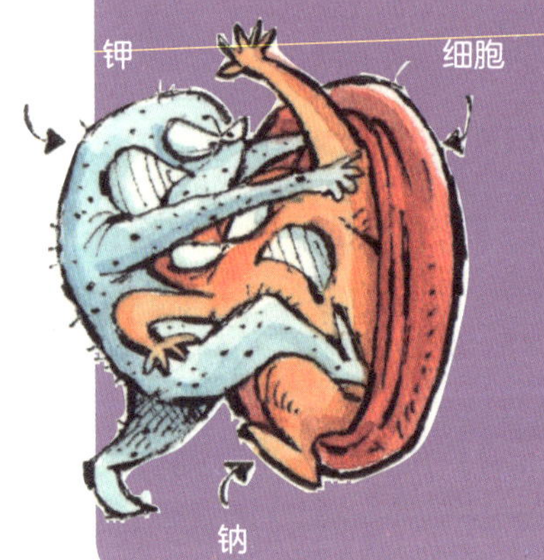

大脑是通过两种元素——钠和钾——来发电的。钠和钾都是金属元素，能为我们的细胞提供能量。问题在于，细胞实在太小了，无法同时容纳它们两个。因此，当一部分钠进入细胞的时候，一部分钾就必须离开。

在“争抢”空间的过程中，电就产生了，它为大脑提供了动力。

汉弗里·戴维爵士

与电有关的一切

最初发现钾、钠等元素的化学家是英国汉弗里·戴维（Humphry Davy）爵士。200多年前，他通过一种名叫伏打电堆的特殊设备，发现了这些元素。他用伏打电堆给液体加电，将这些元素相互分离。这就是电解技术——如今我们仍然通过这样的方式给脆弱的金属镀上一层贵金属，让它变得更加坚固，同时防止它生锈。

它们在哪儿

或许你对这钠和钾两种元素的名字感到陌生。可事实上，你几乎天天和它们碰面。

钠（Na）

★存在于地壳中，海洋里含有大量的钠。

★它就是食盐的主要成分！少了它，薯片都不香了。

钾（K）

★常见于发酵粉中，烤蛋糕的时候可能会用到它

★它也被用来制作烟花和灭火器

滴答滴答！

我们体内还有一种与电有关的元素——铯。

铯（Cs）

铯对我们体内“生物钟”的电荷有帮助。“生物钟”是一种神奇的能力，让我们不用看表也能知道一天的大致时间。

铯在计时方面的表现十分出色，于是被用来制造原子钟。这是全世界最精确的时钟。它的准确程度令人难以置信——它能确保在接下来的3亿年里，不会走错任何一微秒！

电力过载

你的身体就是一座发电站！它不仅充满了电，而且本身就含有用于制造电气设备的微量元素。你真是一台神奇的“发电机”！

亮蓝色狼蛛

铜

蓝蜗牛

硅

铜（Cu）

铜是一种金属元素，也是一种过渡元素。铜具有良好的延展性，导热性和导电性高（也就是说，它可以轻松地传导电流）。因此，它常被用来制成输电线缆中的导线。它对我们的器官（例如心脏、肺和肝脏）也有好处。章鱼、蜘蛛和蜗牛体内也含有铜，用于携带氧气——铜甚至还能让它们的血液呈现蓝色！

硅（Si）

硅是电子制造行业必不可少的元素。它常用于生产计算机芯片（相当于计算机的大脑）、电视和手机。我们体内的硅不仅有助于维持骨骼强壮，还能维持头发和指甲的健康状态。

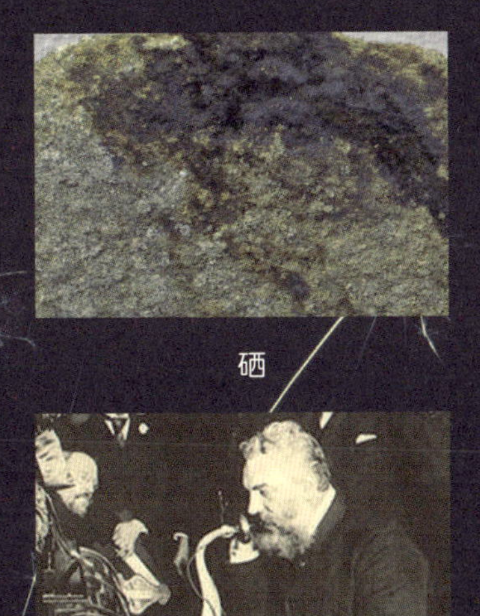

硒

亚历山大·格拉汉姆·贝尔——早期电话的发明者

硒（Se）

和硅一样，硒也是人体必不可少的元素之一，因为它能为我们解毒和排毒。不过有意思的是，过量的硒通常也具有毒性。因此，我们体内的硒含量很少。

硒也被用于电子设备当中。它可以让语音信息承载在光束上。1879年，亚历山大·格拉汉姆·贝尔（Alexander Graham Bell）就用硒制作了一台光电话机，看上去就和第一部电话一样。硒还可以将太阳能转化为电能。如今，我们利用它来制造太阳能电池板。

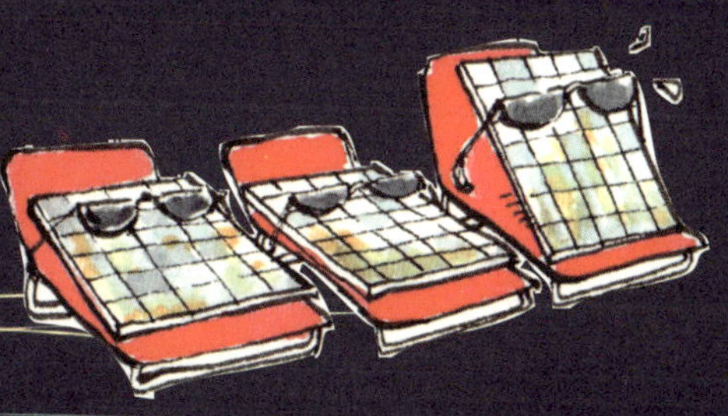

太阳能板

钽（Ta）

钽是一种稀有金属，拥有一些特殊的性质。它非常善于导热、导电。我们很难将它熔化，所以它可以被加热到极高的温度——超过3000摄氏度！

钽通常被制成钽粉，然后用于制造一种小巧的电子元件——电容器（它能在电子设备中储存电能）。

我们体内只含有极少量的钽。不过，如果你不小心骨折，医生可能会用钽螺栓重新固定你的骨头。

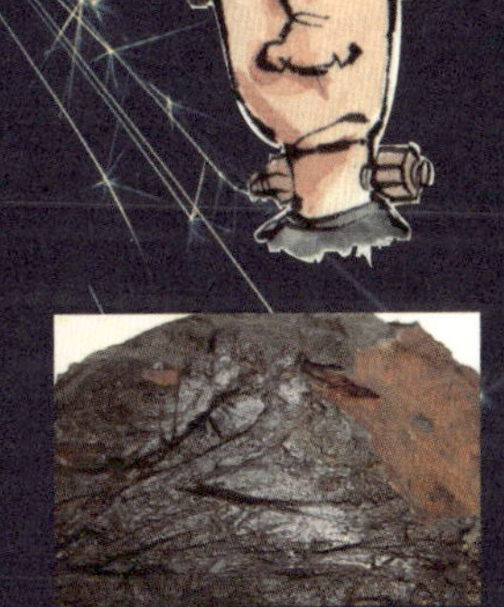

钽

补充元素

我们的身体从一出生就自带了各种元素，不过它们并不是取之不尽的。换句话说，我们必须不断地补充它们。如果不能获得充足的元素，身体就会出现问题。

因此，我们需要及时给自己“充充”元素——就像给手机充电一样！

味道好极了

不过，“充”元素可不用连上电源。你要做的事非常简单——吃吃喝喝，大口呼吸。

如果要补充碳元素，那么大可不必吃下一碗煤或者一整盘钻石！我们只要好好吃饭就可以了。如果要补充氢元素，那么喝一杯水就足以搞定了！

如果想给身体补点儿氧元素，那更是轻而易举——呼吸一大口空气就行。氧气会进入血液和肌肉当中，为它们提供能量。

元素食谱

我们的食物都是由元素组成的，其中主要包括碳、氢、氧和氮。这些元素构成了以下的物质：

碳水化合物——为身体提供能量。

脂肪——储存能量，制造新的细胞（即构成我们身体的“原材料”）。

蛋白质——帮助每个细胞完成它们特定的任务。

水——保持身体平稳运转。

维生素和矿物质——帮助身体各个部分成长发育，并维持生命健康。

现在你应该明白了，为什么父母总是让你喝牛奶、吃蔬菜！

多与少

我们体内元素的含量并不平均。也就是说，有的元素多，有的元素少。与维持我们生命健康息息相关的元素就叫作必需元素。这类元素的含量可能很多，也可能只有一点点，也就是微量。那么，每种元素的含量具体是多少呢？

水

事实上，我们的身体大部分是由水组成的。它占了人体的70%，也就是近四分之三！水构成了大部分细胞（我们身体的“原材料”），并且让一切正常运转……它就像汽车里的汽油。不论是对于我们还是其他物种，水都是至关重要的。如果没有水，任何生命都无法生存。

我们的身体时时刻刻都在进行着水循环。我们通过吃饭喝水来吸收水分；然后再通过汗液和尿液将它排出体外。因此，我们有必要不断地补充水分！

H_2O

水是由两种非常重要的元素——氢和氧组成的。经常有人将水称为“H_2O”，这里的H表示氢元素，O表示氧元素。这些字母是元素符号，它表示一个水分子当中包含两个氢原子和一个氧原子，所以就是“H×2+O”啦！

剩下的就是列表上其他含量较低的元素。

含量是多少

如果我们的身体大部分是由水组成的，那么体内一定含有大量的氢和氧。如果世间万物都含有碳元素，那么我们肯定也不例外！事实上，构成人体的主要成分就是这三种元素。

不过，我们体内同样也含有下列元素：

氮：3.1%
钙：1.6%
磷：1.2%
硫：0.25%
钾：0.25%
钠：0.15%
氯：0.15%
镁：0.05%

以及下面这些非常微量的元素：

铁	锡	锗	金
氟	碘	钴	钪
锌	钛	锑	钽
硅	硼	银	钒
铷	硒	铌	钍
锶	镍	锆	铀
溴	铬	镧	钐
铅	锰	碲	钨
铜	砷	镓	铍
铝	锂	钇	镭
镉	汞	铋	
铈	铯	铊	
钡	钼	铟	

气体元素

宇宙中有11种气体元素，我们的身体里就占了5种。它们对于我们来说必不可少，但是“用法用量”各不相同。有的元素我们需要得多一些，而有的只要一点点就足够维持健康。

危险

氟（F）

可能你听说过它。因为牙膏里经常会添加氟化物来坚固牙齿，而它的主要成分就是氟。它也是通过食物进入体内，进而来到骨骼和血液当中。但是，人体内的氟含量极低，因为它是有毒的。

氯（Cl）

这个元素你应该也认识……你有没有在泳池里闻到过一股奇怪的气味——有点儿像漂白粉？这就是因为泳池里被加入了氯气，用来杀死有害的细菌，并保持池水清洁。

跟氟一样，大量的氯气也会对身体带来危害。不过神奇的是，我们的胃里居然有一些氯，它能帮助胃消化食物。

人体内有三大气体元素——氧、氢和氮，我们的身体大部分都是由它们构成的。可是，身体里装了这么多气体，为什么我们没有飘起来呢？这是因为它们与我们体内的其他元素相结合，形成了固体物质。

氧（O）

氧是我们体内含量最高的元素——65%！超过了一半！而且我们还需要不断补充氧气来维持生命。幸好它很容易到手——只要我们大口呼吸，它就会进入肺部，然后随着血液到达全身各处。

氢（H）

氢是宇宙中最轻也是最常见的元素。它从宇宙诞生之初就存在了。太阳和星星就是燃烧了自身的“氢燃料”，才放射出了耀眼的光芒。氢占了人体的10%。我们体内的大部分氢都来自食物，因为它是组成水的元素之一。因此，我们喝的所有液体、吃的全部食物中都含有氢。

氮（N）

氮所占的比例看似不高，但是人体平均的氮含量大约为1800克！它能让我们的肌肉、皮肤和毛发变得更加结实。最重要的是，它就存在于我们的DNA中。DNA就像一道指令，它决定了我们的外貌、声音和行为方式。

是毒还是药

人体能保持一种惊人的平衡。我们体内所有元素的比例都恰到好处。这一点非常重要，因为有些元素具有毒性——甚至能够致命！因此，它们的量必须刚刚好。

千万别碰

汞（Hg）

汞的毒性极强，切记要离它远一点！不过，我们的食物中却含有极少量的汞。幸好，我们的身体会通过呼吸、出汗和排尿的方式，将它排出体外，或者储存在头发和指甲当中，以免我们受到伤害。

砷（As）

过量的砷也很危险，但是我们的头发、骨骼和血液中都含有砷。它可能有助于我们的成长。砷还被用来制成药物，可以治疗一些疾病。

锑（Sb）

锑在我们体内的含量很低。锑也被用在生物学或医学领域。但是，过量的锑会致人死亡。大约五千年前，许多埃及人因为拿它当作眼影粉来使用而不幸身亡。

溴（Br）

溴元素广泛存在于海水当中，它能让一些海螺呈现紫色。人体本身并不需要这种元素，而且过量的溴对眼睛和肺部都有伤害。

汞

砷

锑

罗马皇帝的紫色长袍就是用海螺体内的溴化物染成的。

危险的职业

几百年前，炼金术士和化学家都是非常危险的职业，因为他们不知道会碰上什么样的试验结果。有些人甚至用嘴来检测试验中的元素——结果导致自己中毒！

严禁使用

铅（Pb），铊（Tl），镉（Cd）

就在不久以前，铅、铊、镉这三种元素还被广泛使用：人们给汽油和油漆添加铅；用铊来制造老鼠药；将镉掺入其他金属中以防止它们生锈。

如今科学家已经发现，这几种元素都具有毒性，所以被许多国家禁止使用。虽然我们的肾脏和肝脏中含有这些元素，但是它们的含量很低，不会对我们的身体造成伤害。

铅

铊

镉

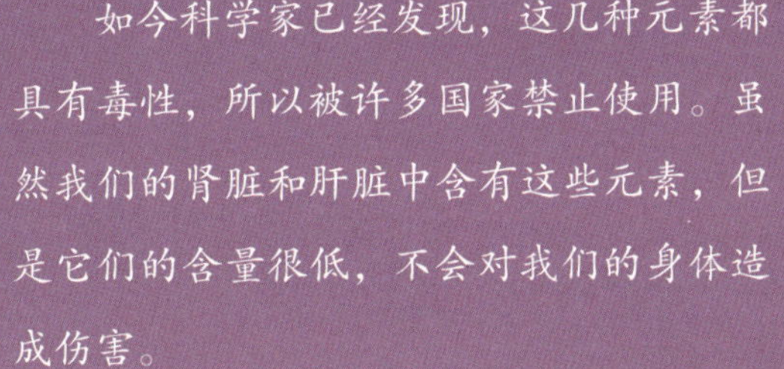

必需的“毒药”

然而，一些“有毒”元素却是我们不可或缺的。

碘（I）

碘对于人体来说是至关重要的，它有助于大脑的正常发育，维持适当的体温。但它同时也是一种强效消毒剂，也就是说，它可以杀死有害细菌。

钼（Mo）

钼存在于我们全身各处，它能帮助我们将食物转化为能量。但是，过量的钼会导致严重的头痛和眼睛酸痛。

碘

钼

哲人石

几百年前，很多人以为世界上只有四种元素——土、水、气和火。后来他们又设想出第五种元素——以太，也就是空间中的物质。

他们很想进一步了解世界的变化规律，但是他们的想法往往有些奇怪——甚至十分疯狂！

寻找答案

炼金术士就是早期的科学家。他们同样在实验室里做研究，用化学药品进行大量试验。只不过他们同时还相信魔法，并且会去探索一些不可能的事情。有些人为了获得永生的力量，不断尝试配制药剂。

还有的人为了一夜暴富，试图将廉价的普通金属（贱金属）变成黄金白银。

炼金术士全都在寻找一样神奇的东西，它能帮助他们梦想成真！他们要找的是一种白色或者红色的粉末，据说它来自一种名叫“哲人石”的石头。他们认为那就是一切的答案。

充满魔力

如今我们用钡来制造绿色的烟花。

因此，他们一边追寻，一边继续尝试用各种物质进行试验。他们曾一度认定水就是他们最终要找的东西，于是便将水和其他元素混合在一起，期待奇迹发生。结果当然只是白费力气！

后来他们还尝试过水银，因为他们觉得这种液态金属散发着某种超自然的力量。他们认为那就是魔力！然而依旧徒劳无功。于是，他们又将视线转向了另一种金属元素——钡。

钡（Ba）

钡在受热时会发出红色的光。不仅如此，如果将钡在阳光下放置几个小时，它就能在暗处发光。因此，在检查身体时，医生会要求你喝下钡餐，然后用X光观察你的身体内部。

奇怪的成分

幸运女神依旧没有降临！直到1669年，德国化学家亨尼格·勃兰特（Hennig Brandt）决定用尿液——没错，就是他自己的尿液——来做试验！他把尿液煮沸，直至变得滚烫，并且发出了光。接着，它燃烧了起来。勃兰特将它保存在一个罐子里——好恶心！——看着它一直发出绿色的光。

磷（P）

遗憾的是，那并不是金子——意料之中，不是吗？但这却是一个新的发现。勃兰特找到的其实是磷元素——我们体内的一种重要元素，存在于骨骼、牙齿和肌肉当中。正是这一试验开启了如今化学这门学科。

你知道吗，你身上也有这些元素。如果炼金术士真的找对了方向，那么你也拥有了魔力！

元素探索者

从宇宙诞生之初，元素就已经存在了。也就是说，它们大约有138亿年的历史！然而，我们对它们的研究不过才刚刚开始。事实上，我们也不知道还能再找到多少种元素。

几千年来

有些元素我们已经认识很久了。5000多年前，人们就发现了碳、硫和铜。而我们使用银、金、铁、锡、汞和铅至少也有3000年的历史，只不过当时没有人把它们当作化学元素。在人们眼里，它们只是制造钱币、武器和珠宝的实用材料——就是普通物品，而不是科研对象。

几百年来

大约在350年前，化学这门学科才正式得到人们的关注。从那时起，它就在整个世界掀起了热潮！但是，它的进展并非一帆风顺。在很长一段时间里，科学家都在寻找一种叫作“燃素”的元素。他们认为这是物体燃烧的根本原因。可是，经过一番研究后他们终于明白，燃素并不存在。

所幸这些努力也没有白费——因为他们在这一过程中发现了氧气。

知名的元素探索者

发现元素：
钾
钠
硼
钙
钡
镉

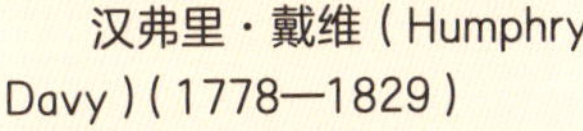

汉弗里·戴维（Humphry Davy）（1778—1829）

发现元素：
铈
钍
硒
硅

永斯·贝采利乌斯（Jons Berzelius）（1779—1848）

发现元素：
氩
氦
氪
氖
氙

威廉·拉姆赛（William Ramsay）（1852—1916）

发现元素：钋、镭和氡

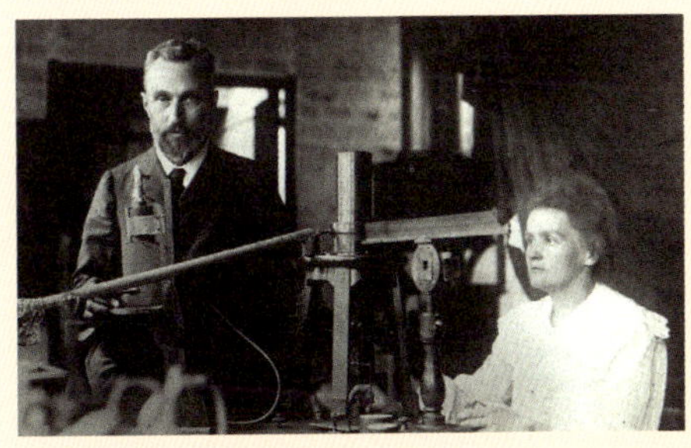

皮埃尔·居里（Pierre Curie）（1859—1906）和玛丽·居里（Marie Curie）（1867—1934）

发现元素：
𬭛
镙
鈇
116号元素
118号元素
115号元素
113号元素

尤里·欧甘尼辛（Yuri Oganessian）（1933—）

现如今的成就！

如今，科研团队在实验室里努力创造新的元素。它们当中有的甚至连名字都没有——因此，在人们找到合适的称呼之前，它们只能暂时充当“无名”元素了。最著名的科研团队是尤里·欧甘尼辛（Yuri Oganessian）率领的弗雷洛夫核反应实验室，它位于俄罗斯的杜布纳。

别急，还没讲完呢

我们体内还有九种元素。它们有的会“砰砰”爆炸，有的会“隆隆”轰鸣，有的“咔嚓”闪烁，还有的“嘶嘶”作响！

铀（U）

铀

铀是一种在超新星中产生的金属元素。我们的骨骼里含有少量的铀，但这种元素毒性很强，并且十分危险，因为它具有放射性。

它被用于制造核燃料和核武器。

锰（Mn）

锰是一种存在于骨骼和肝脏中的金属元素。它对于我们的新陈代谢（身体利用食物的方式）十分重要。它能让紫石英呈现出紫色。海底有一种叫“锰结核”的矿石，它呈球形或者扁平状，当中蕴藏着丰富的锰。这种矿石往往附着在岩石或者化石上。

数万年前，锰曾被当作颜料用于绘制洞穴壁画。

镭（Ra）

镭是一种从铀矿中提取出来的放射性金属元素。它对人体有害。过去从事镭研究的人往往因为它的放射性而丧命。著名的科学家玛丽·居里在1898年发现了镭。她本人也因为大量接触镭而不幸去世。

如果你的身体里有特别多的镭，你就能在黑暗中发光！

钍（Th）

钍也是一种放射性金属元素。用它制造的合金可以用来生产飞机。它还被用于制作核燃料。说不定将来它还能为我们提供电力。

尽管钍具有放射性，但是我们的骨骼中也含有它。

镧(La)

镧是一种稀土元素，但它并不稀有——它比金银更加常见，而且在我们的骨骼中就有镧。它常用于制造体育场馆和摄影棚内的照明设备，以及笔记本电脑、相机镜头和汽车电池。

镧是一种质地柔软的金属，可以用小刀切开。

钒(V)

钒常见于陨石、磁铁和电池中。对了，也包括你——实际上，你只需要非常微量的钒来帮助成长！用钒生产出来的钒钢轻巧又坚固，可以用于制造喷气式发动机和高速飞机。

钒

亨利·福特在制造第一辆汽车时就选用了这种金属。

钐(Sm)

钐是一种银白色的金属，存在于我们的骨骼、肝脏和肾脏中。它可以用来制造电子产品(例如耳机、照相机和音乐播放器等)中的超强磁铁——永远不会退磁的那种！它能在150摄氏度下发生自燃。最令人震惊的是，钐存在的年代非常久远——至少有1060亿年。

那可是宇宙年龄的七倍多！

铋(Bi)

铋是一种金属元素，它略带点儿粉色，常用于制造涂料、灭火器和化妆品。它也是宇宙飞船和卫星燃料的成分之一。

铋晶体

如果你肚子疼，可以吃点儿含铋的药物。

铟(In)

铟是一种稀有金属，燃烧时会发出紫色的火焰。我们体内只含有极少量的铟。它非常适合制造镜子、太阳能电池板、触屏电脑和平板电视。

有趣的是，当它被弯折时，会发出“嘎吱嘎吱”的声音。

其他元素呢

说完了人体内的60多种元素，那么其他元素呢？其实，我们的身体已经从各类元素中挑出了最合适自己的那一部分，因此我们什么都不缺。剩下的元素都是身体用不到的。

贵族气体（也叫“稀有气体”或者“惰性气体”）

可惜的是，我们体内连一个贵族气体都没有。要不然还能给我们增添点“贵族气质”呢！这类气体之所以被称为“贵族”，是因为它们从来不跟其他元素发生反应。它们真的是既古板又不合群！

氦（He）

氦气可以用来给气球或者气象观测气球充气，因为它比空气轻，所以能让气球飘浮在空中。

氖（Ne）

氖气能发出红色的光，常被用来制作广告牌。

氩（Ar）

氩气可以用于制造节能灯泡。

氪（Kr）

氪气能让一些照明设备发出荧光。

氙（Xe）

氙气可以让照相机的闪光灯发出明亮的蓝色，它还能用来制造汽车大灯。

氡（Rn）

氡气非常危险，千万别靠近。

如果我们身体里有了这些元素，说不定就能发光或者飘起来呢！

找不到的元素

科学家一直在试图研究世界运转的规律。他们不断地探索发现，却依然没能解决所有的问题，有些元素始终没有被找到。搞不好它们就藏在我们的身体里。

如果能给自己加点“微量元素”，你会加些什么呢？

果冻素（J）

当然，你必须吃下好多果冻才能获得这种元素。不过也别吃太多了，要不然会变得颤颤悠悠的！

弹性素（St）

你想不想随时随地改变自己的形状呢？也许只要给皮肤加点儿弹性素就行了！

弹簧素（Bg）

这种元素能赋予你超强的弹跳力，打篮球或者跳高的时候用得着！

元素周期表

周期表是一种用于信息归纳的图表。它列出了地球上已知的所有元素，以及它们之间的相互联系。

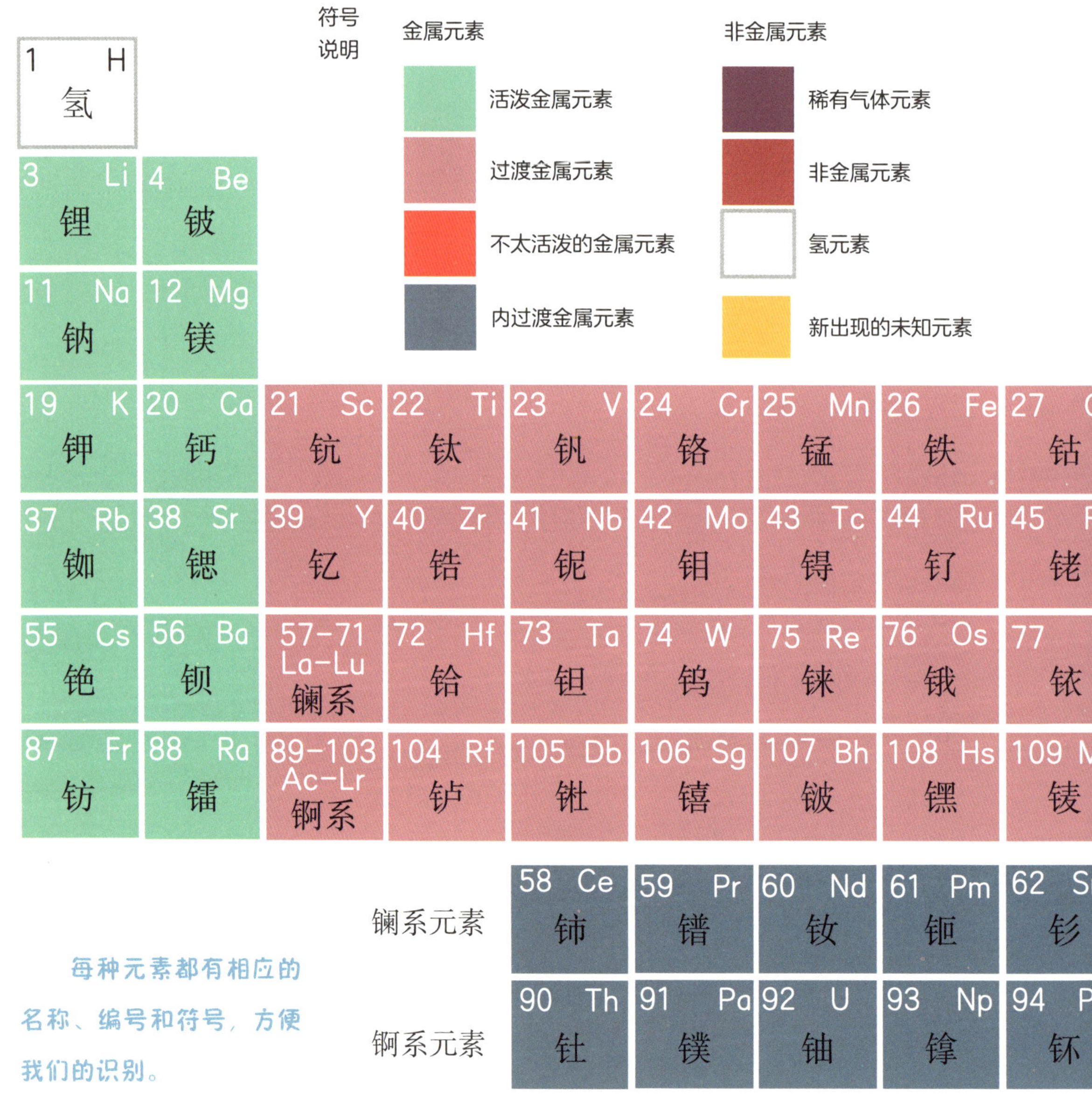

每种元素都有相应的名称、编号和符号，方便我们的识别。

元素周期表是由德米特里·门捷列夫（Dimitri Mendeleev）在150多年前总结出来的。这位化学家非常聪明，他发现所有元素都是相互关联的。他还断定，只有搞清楚其中的联系，才能更好地理解它们。他甚至预测出了当时尚未被发现的元素！事实上，元素周期表是非常伟大的成就，至今我们依然在使用它。

如今，已知的元素有118种——而且半数以上都能在你身上找到！

								2 He 氦
			5 B 硼	6 C 碳	7 N 氮	8 O 氧	9 F 氟	10 Ne 氖
			13 Al 铝	14 Si 硅	15 P 磷	16 S 硫	17 Cl 氯	18 Ar 氩
8 Ni 镍	29 Cu 铜	30 Zn 锌	31 Ga 镓	32 Ge 锗	33 As 砷	34 Se 硒	35 Br 溴	36 Kr 氪
6 Pd 钯	47 Ag 银	48 Cd 镉	49 In 铟	50 Sn 锡	51 Sb 锑	52 Te 碲	53 I 碘	54 Xe 氙
8 Pt 铂	79 Au 金	80 Hg 汞	81 Tl 铊	82 Pb 铅	83 Bi 铋	84 Po 钋	85 At 砹	86 Rn 氡
10 Ds 鐽	111 Rg 轮	112 Cn 鎶	113 Uut 鉨	114 Fl 𫓧	115 Uup 镆	116 Lv 𫟷	117 Uus 石田	118 Uuo 氮
3 Eu 铕	64 Gd 钆	65 Tb 铽	66 Dy 镝	67 Ho 钬	68 Er 铒	69 Tm 铥	70 Yb 镱	71 Lu 镥
5 Am 镅	96 Cm 锔	97 Bk 锫	98 Cf 锎	99 Es 锿	100 Fm 镄	101 Md 钔	102 No 锘	103 Lr 铹

词汇表

磁铁：有两个磁极的物体，能吸引其他含铁的物质。

大爆炸：描述宇宙诞生之初及其后续演化的术语。

蛋白质：构成生物的一种化学物质，存在于肌肉、血液、鸡蛋、皮肤和骨骼当中。

导体：可以传导热或者电的物质。

地壳：地球的最外层，由岩石构成。

地质学家：专门研究形成地球、其他行星以及卫星的物质和结构的科学家。

毒药：可以伤害或者杀死生物的物质。

放射性：某些特殊元素放出辐射（一种剂量过高会带来危害的能量）的能力。

固体：一种具有固定形状的物质，不像液体或者气体那样可以流动。

合金：通过高温熔化，将一种金属与其他金属或非金属进行混合，待其冷却凝固后所形成的固体物质就是合金。

化学物质：纯净的单一物质。

贱金属：一种常见且容易被氧化或腐蚀的金属。

矿石：在地下发现的矿物，可用于提取不同的金属。

矿物质：一种或者几种元素的组合，通常来自地下，有助于维持身体的正常机能。

炼金术士：早期的化学家，他们认为贱金属能变成黄金，并且相信魔药的存在。

气体：一种扩散开来就能填满整个容器的物质。

神经：在全身传递信息或电信号的纤维。

实验室：科学家使用特殊设备和化学品进行实验的场所。

太阳能电池板：一组铺设在地表的镜子和透镜，可以吸收太阳能并将其转化为电能。

碳水化合物：一种由碳、氢和氧组成的物质，常见于食物和生物体中。

微量元素：动植物健康成长过程中所必需的一种含量极少的元素。

维生素：维持身体健康必不可少的一类有机物质。

卫星：一种围绕行星运行的天体，可以用来预报天气、传输信号或者进行测量。

细菌：由单个细胞形成的微小生物。

细胞：构成一切生物体的基本单位。

新陈代谢：生物体内发生的一切变化，尤其是指将食物转化为能量来制造新细胞的过程。

液体：一种物质，没有固定的形状，扩散开来可以填满容器。

以太：早期科学家认为形成空间的一种物质。

原子：构成元素的最小单位。

陨石：来自太空并降落在地球表面的固体物质，通常含有大量的镍和铁。

照明弹：利用明亮的火焰发出信号或者警告的工具。

蒸气：液体受热时产生的气体。

DNA：在生物细胞内存在的一种酸，它包含生物外观的相关信息和控制指令。

索引

内 容 提 要

这套书是写给孩子的靠谱科学书，选取孩子感兴趣的“宇宙、基因、大脑、人体”等话题，用孩子感兴趣的语言讲述它们各自的秘密，让孩子能够在有趣、丰富、好玩儿的沉浸式探索中增长知识，并激发孩子的探索欲，培养孩子的科学思维。

图书在版编目（CIP）数据

酷科学 ：全4册 / （英）萨伦娜·泰勒，（英）费利西娅·劳，（英）格里·贝利著 ；（英）麦克·菲利普斯绘 ；雍寅译. -- 北京 ：中国水利水电出版社，2022.6

书名原文：The Stuff.（The Stuff of the Family、The Stuff of the Universe 、The Stuff of You、The Stuff of your Brain）

ISBN 978-7-5226-0720-7

Ⅰ. ①酷… Ⅱ. ①萨… ②费… ③格… ④麦… ⑤雍… Ⅲ. ①科学知识－儿童读物 Ⅳ. ①Z228.1

中国版本图书馆CIP数据核字(2022)第086335号

北京市版权局著作权合同登记号：图字 01-2022-1665

书　　名	酷科学（全四册） KU KEXUE (QUAN SI CE)
作　　者	［英］萨伦娜·泰勒　费利西娅·劳　格里·贝利　著　雍寅　译
绘　　者	［英］麦克·菲利普斯　绘
出版发行	中国水利水电出版社 （北京市海淀区玉渊潭南路1号D座　100038） 网址：www.waterpub.com.cn E-mail：sales@mwr.gov.cn 电话：（010）68545888（营销中心）
经　　售	北京科水图书销售有限公司 电话：（010）68545874、63202643 全国各地新华书店和相关出版物销售网点
排　　版	北京水利万物传媒有限公司
印　　刷	山东新华印务有限公司
规　　格	185mm×260mm　16开本　12印张　149千字
版　　次	2022年6月第1版　2022年6月第1次印刷
定　　价	189.00元